1.er avril 1784

INSTRUCTION

Que le Roi a fait expédier aux Officiers généraux, chargés de l'inspection de ses Troupes à cheval.

Du 1.er Avril 1784.

DE PAR LE ROI.

SA MAJESTÉ voulant qu'il soit procédé à la revue de ses Troupes à cheval, son intention est que les Officiers généraux qui en seront chargés cette année, se conforment avec exactitude à la présente Instruction.

ARTICLE PREMIER.

Temps des revues des régimens.

LES Officiers généraux seront employés toute l'année, & feront deux revues. La première devra être arrêtée entre le 1.er Juin & le 1.er Août; & la seconde, entre cette dernière époque & le 1.er Octobre.

2.

Formalités à remplir pour assembler un régiment.

TOUTES les fois que les Officiers généraux voudront faire prendre les armes aux Troupes, dont l'inspection leur est confiée, pour en faire la revue, ils se conformeront à l'article 7 du Titre I.er de l'Ordonnance du 1.er mars 1768, qui règle le service dans les Places & dans les Quartiers.

3.

Objets à voir à la première revue.

LES Officiers généraux vérifieront à la première revue, si les réparations de l'hiver ont été bien faites & uniformément, l'état des recrues, les remontes & les détails des manœuvres par compagnie, pour s'assurer que l'Ordonnance est suivie ponctuellement, & rendront un compte sommaire de ce qu'ils auront remarqué de contraire aux ordres qui auront été donnés lors de la revue précédente, dans la forme de l'état joint à la présente Instruction, & l'adresseront sur le champ au Secrétaire d'État de la guerre.

Ils se feront remettre, à cette première revue :

1.° Un état nominatif de l'âge, des services, & du grade des Officiers, afin d'être à portée de les bien connoître.

2.° L'état nominatif des recrues faites depuis la dernière revue d'inspection, avec le nom de ceux qui les auront engagés.

3.° L'état signalé des chevaux de remonte.

4.° Un Livret préliminaire qui explique, compagnie par compagnie, les mutations arrivées depuis la dernière revue d'inspection.

Ces quatre objets n'étant que pour faciliter les opérations des Officiers généraux, ils ne les adresseront point au Secrétaire d'État de la guerre.

Objets à voir à la seconde revue.

A la seconde revue, ils examineront si les ordres qu'ils ont donnés à leur première revue, ont été bien exécutés, régleront avec le Conseil d'administration, les réparations à faire en tout genre; verront manœuvrer les Troupes par régiment, ils en rassembleront même plusieurs, autant que les circonstances le permettront, & les commanderont eux-mêmes.

Ils se feront donner, à cette époque, les états dénommés dans l'article 49.

4.

Sur quoi doit porter l'attention.

L'INTENTION de Sa Majesté est que les Officiers généraux procèdent à l'opération de leurs revues, d'une manière uniforme; leur attention doit porter sur quatre objets principaux :

1.° Sur l'examen particulier de chaque compagnie, sa composition en hommes & en chevaux, sa tenue, & l'instruction des Officiers qui la commandent :

2.° Sur l'École d'instruction & les Manœuvres :

3.° Sur la Discipline & la Subordination :

4.° Sur l'Administration des finances.

INSTRUCTION

QUE

LE ROI A FAIT EXPÉDIER

AUX

OFFICIERS GÉNÉRAUX,

CHARGÉS DE L'INSPECTION

DE SES

TROUPES À CHEVAL.

Du 1.er Avril 1784.

A PARIS,

DE L'IMPRIMERIE ROYALE.

M. DCCLXXXIV.

1er avril 1784

5.

Examen des recrues.

ILS commenceront par séparer & examiner les hommes de recrues qui auront été faits depuis la dernière revue, soit par les Officiers-recruteurs, soit par les Officiers de semestre; ces hommes seront rangés dans l'ordre du travail de chacun des Recruteurs, ils réformeront ceux qui ne seront pas propres au service, & ils les feront congédier sur le champ: Ceux qui auront été faits par les Officiers-recruteurs, & qui seront réformés, ne seront pas remboursés; quant à ceux qui auront été amenés au Corps par les Officiers de semestre, il sera ordonné une retenue de cent livres par homme, sur les appointemens des Officiers qui les auront faits, & ils ne recevront aucun remboursement pour la dépense qu'ils auront faite relativement à l'homme congédié; il leur sera également retenu cent livres, au profit de la Masse générale, pour chacun des hommes qu'ils n'auront pas faits, & qu'ils auroient dû faire.

Retenue à faire aux Officiers-semestriers & Recruteurs.

Ils veilleront à ce que le prix fixé pour les recrues ne soit pas outre-passé, & à ce que l'excédant soit retenu sur les appointemens des Officiers supérieurs de chaque régiment.

Retenue à faire aux Officiers supérieurs.

L'intention de Sa Majesté est que les États-majors ne cèdent pas les hommes qu'ils engageront, aux Officiers-semestriers, pour dispenser ces derniers de la retenue qu'ils seroient dans le cas de subir.

Défense de céder des recrues aux Officiers de semestre.

Ils feront prêter serment aux hommes de recrues, dans la forme prescrite.

Serment des recrues.

6.

LES Officiers généraux préviendront les Mestres-de-camp-commandans, que l'intention de Sa Majesté est qu'ils ordonnent à leurs Recruteurs de n'engager dans aucune circonstance des Grenadiers-royaux ou Soldats provinciaux, soit pendant l'assemblée ou après le licenciement des régimens ou bataillons, sous les peines portées par les Ordonnances contre ceux qui y contreviendront, à moins

Défense d'engager des Grenadiers-royaux & Soldats provinciaux.

que les hommes qui ſe préſenteront pour s'enrôler, n'aient des congés en forme qui conſtatent qu'ils ont rempli leur temps de ſervice dans les Troupes provinciales.

7.

Enfans admis à la ſolde à l'âge de dix ans.

SA MAJESTÉ renouvelle la défenſe d'admettre à la paye, des enfans de bas Officiers, Cavaliers, Chevaux-légers, Huſſards, Dragons & Chaſſeurs à cheval, avant qu'ils ſoient parvenus à l'âge de dix ans; & le nombre ne pourra excéder celui de deux par compagnie, ſous quelque prétexte que ce ſoit.

8.

Renvoi des hommes infirmes.

ILS ſe feront enſuite préſenter les Cavaliers, Chevaux-légers, Huſſards, Dragons & Chaſſeurs à cheval, que leurs infirmités mettront hors d'état de continuer leurs ſervices; ils feront délivrer des congés de réforme à ceux qu'ils en croiront ſuſceptibles, & le renvoi de ces hommes aura lieu le jour même de l'opération de la revue.

9.

Congés abſolus; couleur des cartouches, & dans quel cas.

DIFFÉRENTES cauſes donnent lieu à l'expédition des congés abſolus pour les bas Officiers & Soldats:

1.° Lorſqu'ils ont fini le terme de leur engagement, ou qu'étant néceſſaires à leur famille, on leur permet de remettre une ſomme à la Maſſe générale pour ſe remplacer:

2.° Lorſque par des infirmités ou défaut de conformation, ils ne ſont pas propres au ſervice:

3.° Enfin pour renvoyer ceux qui ſont indignes de porter les armes.

Les Officiers généraux auront attention qu'on leur expédie des cartouches blanches, vertes ou jaunes, comme il a été réglé pour les différentes circonſtances où ils ſe trouveront.

10.

Trois ſous par lieue; & dans quel cas.

VEUT Sa Majeſté que la diſtribution des Trois ſous par lieue, qui doivent être payés aux hommes qui ſeront congédiés, ſoit par réforme, ſoit par ancienneté de ſervice, ſoit faite à l'ordinaire; ce qui cependant n'aura lieu que dans

1er avril 1784

le cas où le décompte du linge & chaussure, que chaque homme doit avoir en masse, ne suffiroit pas pour le conduire à sa destination.

11.

Exercice de chaque compagnie en détail.

Les Officiers généraux, à leur première revue de régiment, verront exercer chaque compagnie en détail; ils nommeront un Officier de la compagnie pour la commander & l'exercer devant eux, conformément à l'Ordonnance; ils verront si les princpes qui sont établis, sont régulièrement observés, si le ton de commandement des Officiers est bon & uniforme; ils jugeront du degré d'intelligence & d'instruction de chacun d'eux: ils les préviendront qu'il ne doit être accordé de semestre, ni proposé de congé pour ceux qui auront négligé de s'instruire, & ils examineront si on suit dans l'École d'instruction, les principes & la gradation ordonnés.

Point de semestre & de congé aux Officiers qui auront négligé leur instruction.

Exercer & questionner les bas Officiers.

Les Officiers généraux feront assembler les bas Officiers; ils les feront exercer, & en feront commander quelques-uns: ils questionneront ou feront questionner devant eux les Maréchaux-des-logis & Brigadiers, sur leurs devoirs relatifs à l'Ordonnance des manœuvres, ou à celle du service des Places, pour connoître s'ils sont instruits.

12.

Nombre des récompenses & Invalides par régiment.

Ils examineront ensuite les hommes & les bas Officiers qui se trouveront dans le cas d'être proposés pour la récompense militaire ou l'Hôtel royal des Invalides: Quoique Sa Majesté fixe le nombre de ceux qui pourront être admis cette année à l'une ou l'autre de ces grâces, à un par régiment de Cavalerie, Chevaux-légers, Hussards, Dragons & Chasseurs à cheval, Elle permet néanmoins aux Officiers généraux d'en admettre le double de ce nombre, s'il s'en trouve qui soient absolument hors d'état de servir & de suivre le régiment encore pendant une année.

13.

Examen

Veut Sa Majesté que l'examen des infirmités ou des

des récompenses militaires, & Invalides.

blessures de ceux qui seront dans le cas de réclamer ces grâces, soit sévèrement constaté en présence des Officiers généraux chargés des inspections, & que l'ancienneté ne soit un titre pour la préférence, qu'à égalité de nécessité. Les Officiers généraux avertiront ceux qui seront admis à l'une ou l'autre de ces grâces, que ceux qui préfereront l'Hôtel royal des Invalides, ne pourront plus le quitter & demander la pension ; mais que les pensionnaires qui se trouveront dans l'impossibilité de vivre chez eux, pourront, en remettant leur pension, demander à entrer à l'Hôtel, où ils seront reçus lorsqu'il y aura des places vacantes.

14.

Fixation de la pension militaire.

LA pension militaire reste fixée, comme il est expliqué par l'*article 10 du Titre VIII de l'Ordonnance d'administration du 25 mars 1776*.

Les bas Officiers n'obtiendront la pension de récompense militaire attribuée à leur grade, qu'autant qu'ils auront servi huit ans dans ledit grade; bien entendu que les Maréchaux-des-logis en chef compteront les années de Fourrier de l'ancienne composition.

15.

Formalités des propositions pour la récompense militaire, ou les Invalides.

Pièces à joindre aux états de propositions.

Décompte à faire, trois sous par lieue à donner; & en quel cas.

LES propositions des Officiers généraux chargés des inspections, seront faites lors de leur travail avec le Secrétaire d'État de la guerre, & conformément aux modèles d'états qui leur seront adressés; il sera joint aux états de propositions, deux certificats, l'un signé par les Officiers supérieurs du Corps, contenant les services des proposés, & l'autre par le Chirurgien-major : l'on prévient les Officiers généraux, que ces deux pièces sont absolument nécessaires, & doivent être adressées, avec les autres états de la revue, au Secrétaire d'État de la guerre, pour éviter toutes réclamations de la part de ces hommes : il sera fait mention au dos de leurs cartouches, lorsqu'ils quitteront le régiment, des décomptes qui leur auront été faits, & du supplément de Trois sous par lieue que Sa Majesté veut bien leur accorder pour se rendre chez eux, dans

dans le cas d'insuffisance desdits décomptes : il sera également fait mention sur les cartouches, des hommes qui obtiendront la récompense militaire, de l'habillement neuf qui leur sera délivré, & de la date de la délivrance, lequel devra consister en un habit, veste, culotte & chapeau, le tout dans l'uniforme particulier qui leur a été précédemment réglé, afin de pouvoir fixer l'époque de leurs remplacemens.

Habillement neuf à délivrer.

16.

Hommes à proposer pour les compagnies Invalides détachées.

SA MAJESTÉ autorise les Officiers généraux à proposer indépendamment du nombre fixé par l'article 10 de la présente Instruction, un homme de supplément par régiment, pour entrer dans des Compagnies d'invalides détachées; bien entendu qu'ils ne pourront entrer à demeure à l'Hôtel qu'après trente-cinq ans de services, en réunissant ceux des Compagnies détachées, où ils entreront, à ceux des régimens qu'ils auront quittés.

17.

Les proposés pour les pensions, Invalides ou Compagnies détachées, suivront le régiment, en cas de mouvement.

CEUX qui seront admis à l'une ou l'autre de ces grâces, seront compris dans la revue. Ils suivront le Corps dans le cas de mouvement, & n'en partiront; savoir, ceux désignés pour entrer à l'Hôtel à demeure ou dans les Compagnies détachées, que sur des routes de la Cour; & ceux désignés pour la récompense militaire, qu'après la réception des brevets, qui seront expédiés & adressés au Corps par le Secrétaire d'État de la guerre; les Officiers généraux préviendront ces hommes, qu'ils ne commenceront à jouir de leur pension, que du jour de leur présentation au Commissaire des guerres, dans le département duquel ils fixeront leur domicile; & à son défaut, ils s'adresseront au Subdélégué.

Époque des payemens des Pensionnés.

18.

Médaillon de la vétérance.

LES Officiers généraux se feront présenter les hommes existans au Corps, qui ont obtenu la marque distinctive de la vétérance. L'intention de Sa Majesté est qu'il ne soit admis à cette marque distinctive, accordée par son Ordonnance du 16 avril 1771, que les bas Officiers, Cavaliers, Chevaux-légers, Huſſards, Dragons & Chaſſeurs à cheval, qui en ſeront jugés dignes par une conduite irréprochable : Entend Sa Majeſté que ces hommes ne ſoient propoſés pour la vétérance, que lors des revues d'inſpection, ſur les états qui devront être approuvés par les Officiers généraux.

19.

Congés de grâces.

Quatre congés de grâces par compagnie.

Le nombre des congés de grâces ſera fixé à quatre hommes par compagnie, pourvu toutefois que ces hommes ſoient préſens au corps. Sa Majeſté veut que l'on ne s'écarte de cette règle, que pour des cas particuliers, qui devront être jugés & autoriſés par les Officiers généraux; ils jugeront également des raiſons de ceux qui devront obtenir cette grâce en payant le prix réglé, & en arrêteront l'état. Il ſera fait mention, tant ſur ledit état, que ſur la cartouche de l'homme qui obtiendra un de ces congés, de la ſomme qu'il aura remiſe à la maſſe générale.

Point de congés de grâces après la revue, ſans autoriſation.

L'intention de Sa Majeſté eſt qu'il ne ſoit congédié, par grâce, aucun bas Officier, Cavalier, Chevau-léger, Huſſard, Dragon ou Chaſſeur à cheval, abſent ou préſent, dans l'intervalle d'une revue à l'autre, ſans y être autoriſé par le Secrétaire d'État de la guerre, ſur la demande qui en ſera faite par les Officiers généraux.

Point de Trois ſous par lieue, aux hommes congédiés par grâce.

Veut Sa Majeſté, que les hommes qui obtiendront des congés de grâces, ne participent pas aux trois ſous par lieue, réglés par l'article 10.

20.

Rengagemens.

Sa Majesté, pour faciliter les rengagemens, permet aux Meſtres-de-camp-commandans, de rengager les hommes qui auront contracté des engagemens de huit ans pour quatre ans, après l'expiration de la quatrième année de leur engagement de huit, ſi leſdits Meſtres-de-camp-commandans le jugent convenable au bien du ſervice, & penſent que c'eſt le moyen de conſerver de bons ſujets.

A ceux qui ſe ſeront rengagés pour quatre ans, de renouveler leurs engagemens après la seconde année de celui de quatre.

Rengagement annuel après vingt ans.

A ceux qui auront acquis vingt années de service, de se rengager pour un an, afin de se rendre susceptibles des récompenses militaires.

Prix des rengagemens.

Elle a réglé que dans le premier cas, il seroit payé à chaque Soldat, en deux payemens égaux, moitié du prix fixé pour les engagemens de huit ans; le premier en se rengageant, le second lorsque le rengagement commencera à courir.

Dans le second, chaque homme touchera moitié du prix fixé pour quatre années, en deux payemens égaux, & aux mêmes époques.

Et dans le troisième, il leur sera payé, en se rengageant, le quart du prix fixé pour quatre.

Ne rengager que de bons sujets.

Les Officiers généraux prescriront au surplus aux Mestres-de-camp-commandans, de ne rengager que des sujets de distinction, & de faire regarder cette préférence comme une grâce à laquelle ceux qui n'auront d'autre mérite que de faire nombre ne pourront pas prétendre: ils se feront aussi présenter les hommes qui auront été rengagés depuis la dernière revue d'inspection, pour juger si on n'en a point admis qui ne soient plus en état de continuer leurs services.

21.

Congés absolus, délivrés à leur échéance.

Sa Majesté veut que ce qui a été prescrit sur l'expédition des congés absolus, soit exécuté avec la plus grande exactitude, & qu'en conséquence lesdits congés soient expédiés le jour précis de leur échéance. Les Officiers généraux se feront présenter les hommes qui devront les obtenir jusqu'au 30 Septembre inclusivement de l'année suivante, & en arrêteront l'état.

22.

Défense d'accorder des

Les Officiers généraux préviendront les Mestres-de-camp-commandans, que l'intention de Sa Majesté est qu'il ne soit

congés limités, du 1.er Mai au 1.er Octobre.

point accordé de congé limité aux hommes de ses régimens de Troupes à cheval, du 1.er Mai au 1.er Octobre de chaque année, à l'exception de ceux destinés au travail des recrues pendant l'été.

23.

Choix des Hommes pour les Carabiniers.

LES Officiers généraux procéderont ensuite au choix qu'ils auront à faire dans chaque régiment de Cavalerie & de Chevaux-légers, d'un homme pour le régiment des Carabiniers de Monsieur, lequel sera pris indistinctement sur la totalité de chaque Corps, & le feront partir pour sa destination le jour de la clôture de leur revue, sur la route qui sera jointe à la présente Instruction. Sa Majesté leur recommande au surplus, ainsi qu'aux Commandans des Corps, de ne désigner que des hommes de cinq pieds cinq pouces au moins, & capables d'en soutenir la distinction par leur tournure & leurs mœurs : Elle desire aussi que dans ce choix ne soient point compris des sujets qui annonceroient des talens pour devenir bas Officiers. Chacun des hommes qui auront été choisis, seront payés à leurs Corps sur le pied de cent trente-deux livres, conformément à l'article 9 de l'Ordonnance du 8 avril 1779, concernant le régiment des Carabiniers de Monsieur; mais l'intention de Sa Majesté est qu'il reste encore à chacun de ces hommes quatre ans à servir, & que le décompte de ce qui pourra leur être dû de la masse de linge & chaussure, & de celle de quinze livres, leur soit fait avant leur départ, & que le montant en soit retenu au corps. Il sera adressé par les Majors de chaque régiment au Major général des Carabiniers, un bordereau de ce décompte, & ce dernier le fera payer à ceux à qui il sera dû, sur les cent trente-deux livres qui doivent être remboursés pour le prix de chaque homme, le surplus sera envoyé aux régimens qui auront fourni lesdits hommes.

Prix des Hommes.

Décompte à leur faire.

24.

Hommes à renvoyer des Carabiniers, & dans quel cas.

LES Officiers généraux préviendront les Mestres-de-camp-commandans, que les hommes qui arriveront au régiment des Carabiniers de Monsieur, sans avoir les qualités exigées par

par l'article précédent, feront renvoyés aux frais des régimens qui les auront fournis.

25.

Examen des chevaux.

APRÈS l'examen des hommes, les Officiers généraux passeront à celui des chevaux, & réformeront ceux qui sont hors d'état de servir : ils se feront remettre un état signalé & particulier de ceux qui font partie de l'augmentation ordonnée l'année dernière, où il sera fait mention des bonnes ou mauvaises qualités qu'ils leur reconnoîtront, des lieux où ils auront été pris ; & d'après cet état, il sera donné des ordres pour faire passer aux Corps un supplément de quarante livres par chaque cheval élevé & acheté dans le Royaume. Ils ordonneront en même-temps aux Chefs du Conseil d'Administration, de faire prendre le plus grand soin, sur-tout des jeunes chevaux, qu'il ne faudra point mettre aux exercices avant quatre ans, & auxquels, à cause de leur jeunesse, il seroit à propos d'augmenter la ration, de ce qui se trouvera sur la non-consommation des fourrages des chevaux vieux ou malades.

Quarante livres de supplément pour chaque cheval françois.

Précautions à prendre pour les jeunes chevaux.

26.

Prix des chevaux.

SA MAJESTÉ voulant favoriser les établissemens qui se sont faits dans le Royaume pour l'élève des chevaux, a jugé à propos de régler que le prix de chaque cheval de remonte continuera à être fixé à Quatre cents quarante livres pour la Cavalerie & les Chevaux-légers, & à Trois cents quarante livres pour les Hussards, Dragons & les Chasseurs à cheval ; à condition qu'ils seront achetés dans ses États. Les Officiers généraux vérifieront si les chevaux de remplacement ont été pris en France ; s'ils ont été tirés des pays étrangers, ils ne les passeront en dépense que sur le pied de Quatre cents livres pour la Cavalerie & les Chevaux-légers, & de Trois cents livres pour les Dragons & les Chasseurs à cheval.

27.

Attention à avoir au sujet de la morve.

LES Officiers généraux prescriront aux Mestres-de-camp-commandans de surveiller avec la plus scrupuleuse attention, à ce que la morve ne s'introduise pas dans les régimens, & de ne pas attendre pour en informer le Secrétaire d'État de la guerre, que les progrès de cette maladie soient sans remède, & ils les préviendront que Sa Majesté les rendra responsables de tous les effets que peuvent produire leur négligence sur cet objet.

28.

Distribution des recrues & des chevaux de remonte.

Examen des chevaux d'Officiers.

L'EXAMEN des hommes & des chevaux étant fait, les Officiers généraux verront si les hommes de recrue & les chevaux de remonte, ont été distribués également dans chaque escadron, en proportion de ce qui leur manquoit, de manière qu'ils soient égaux en nombre : ils examineront aussi si les Officiers sont montés convenablement.

29.

Dépôt de remonte.

SA MAJESTÉ voulant bien accorder, jusqu'à nouvel ordre, à chacun de ses régimens de Troupes à cheval, un dépôt pour ses remontes; les Officiers généraux adresseront, le plus tôt possible, au Secrétaire d'État de la guerre un état par inspection, où ils désigneront la province, le lieu du dépôt & la ville qui en est la plus à portée.

30.

Revue par compagnie.

Compte à rendre par le Capitaine commandant.

Vérification à faire, par les Officiers généraux.

CES opérations étant réglées, & les hommes rentrés dans leur compagnie, les Officiers généraux feront une revue particulière & détaillée de chaque compagnie ; ils se feront rendre compte par le Capitaine-commandant, de sa composition, en hommes & en chevaux, du mouvement qu'elle a éprouvé depuis sa dernière revue, des hommes qui en sont absens, & des motifs de leur absence, enfin de l'état de sa troupe, dont il doit répondre : ils se feront présenter également les bas Officiers, Cavaliers, Chevaux-légers, Hussards, Dragons & Chasseurs à cheval, qui ont fait la guerre, & ceux qui sont reconnus Gentilshommes; ils examineront si l'espèce d'hommes, dont le régiment est composé, est telle qu'elle doit être, & propre à la guerre : ils vérifieront le contrôle de la compagnie pour juger s'il est en règle,

& se feront présenter aussi le Livret de décompte du Capitaine-commandant, & celui du Maréchal-des-logis en chef, pour s'assurer s'ils sont conformes, & si les comptes sont tenus dans la règle prescrite.

31.

SA MAJESTÉ est informée qu'il existe encore dans plusieurs régimens, parmi les Brigadiers, des Maréchaux-des-logis de l'ancienne composition : son intention est qu'ils soient nommés aux premières places qui viendront à vaquer, pour faire cesser la dépense qu'ils occasionnent, à moins que leur âge ou leurs infirmités ne s'y opposent ; & dans ce cas, les Officiers généraux en rendront compte au Secrétaire d'État de la guerre à la suite du résumé.

Remplacer les anciens Maréchaux-des-logis devenus Brigadiers.

32.

LES Officiers généraux verront si l'habillement, l'équipement des hommes & des chevaux, & l'armement sont bien entretenus, & ils vérifieront si les parties de l'habillement & de l'équipement, dont le régiment s'est pourvu, sont de bonne qualité.

Vérification de l'habillement, équipement & armement.

33.

L'INTENTION de Sa Majesté est que tous les hommes qui se trouvoient absens à la revue d'inspection de l'année précédente, & qui n'auroient pas rejoint leur Corps, soient rayés des contrôles ; Sa Majesté voulant, qu'un homme qui sera absent à une revue d'inspection, ne puisse jamais être rappelé dans la revue suivante, à moins que ce ne soit pour cause de maladie bien constatée. Pour assurer l'exécution de cette disposition, les Officiers généraux feront rayer sur le champ lesdits hommes du contrôle, par le Commissaire des guerres chargé de la police du régiment, afin que la solde cesse à cette époque de leur être payée.

Hommes à rayer du contrôle ; & dans quel cas.

34.

LES Officiers généraux ayant procédé à ces différentes opérations de la manière ci-dessus prescrite, ils constateront

Livret de revue, & manière de le constater.

leur revue sur le Livret, dont le modèle est joint à la présente Instruction, ils ne feront point mention dans ladite revue des hommes congédiés ou réformés; & comme ceux qui devront obtenir les Invalides ou la récompense militaire, ne seront pas alors connus, leur sort ne devant être décidé que lors du travail des Officiers généraux avec le Secrétaire d'État de la guerre, ils seront compris dans la revue: il en sera de même de ceux qui étant nécessaires à leur famille, seront admis à se remplacer, lesquels resteront au régiment jusqu'à ce qu'ils aient déposé à la Masse générale le prix de leur dégagement; mais les Officiers généraux en arrêteront l'état, qu'ils remettront au Commissaire des guerres chargé de la police du régiment, pour qu'il puisse suivre le sort desdits hommes, & les rayer du contrôle à mesure que leurs congés absolus leur seront expédiés.

35.

Récapitulation du Livret de revue.

IL sera fait mention dans la récapitulation du Livret de revue, des hommes qui auront manqué depuis la dernière revue, par mort, par désertion, par congé, ou par quelqu'autre cause que ce soit, ainsi que des hommes de recrues, que le régiment aura reçus en remplacement.

36.

État à arrêter, des réparations & remplacement; suivre le Règlement du 21 février 1779.

Retarder les réparations, s'il y a lieu.

LES Officiers généraux se feront représenter par le Conseil d'administration, les états & devis de la réparation précédente; ils tiendront la main à ce qu'on ne propose pour remplacement, que ce qui est prescrit par le Règlement du 21 février 1779, concernant l'habillement & l'équipement des Troupes; ils restreindront les régimens, dont les finances sont arriérées, à l'économie la plus stricte, & les autoriseront même à retarder de quelques mois, les réparations & remplacemens qui ne seront pas les plus indispensables, si les circonstances le permettent, & qu'ils jugent que c'est le moyen de donner le temps à la Masse générale de se bonifier; & feront dresser en conséquence un état conforme au modèle joint à la présente Instruction, des remplacemens & réparations qu'ils auront jugé à propos d'ordonner, lesquels seront

seront exécutés par ledit Conseil d'administration, sans attendre de nouveaux ordres de la part du Secrétaire d'Etat de la guerre: cet état sera transcrit sur le Registre d'administration, signé des Officiers généraux & des Membres du Conseil; ils y feront aussi mention sommairement de la quantité de médaillons à remplacer.

Médaillons à remplacer.

37.

Nouveau costume.

SA MAJESTÉ a reglé en 1781, que les Troupes à cheval seroient entièrement au nouveau costume le 1.er Mai 1783: comme quelques régimens n'y étoient pas encore après cette époque, les Officiers généraux vérifieront si cette disposition est enfin remplie; & dans le cas où elle auroit été négligée ou retardée, ils informeront des motifs qui ont donné lieu à son inexécution.

38.

Remplacement des armes.

LES Officiers généraux feront également dresser un état conforme au modele joint à la présente Instruction, qui constatera le remplacement des armes nécessaires à chaque régiment.

39.

Vérification des Masses.

ILS se feront aussi représenter les états de recette & de dépense depuis la revue d'inspection de l'année précédente, ils s'en feront rendre compte & arrêteront les états de la Masse générale, de linge & chaussure, de propreté, des Porte-étendards ou Porte-guidons; ils signeront les registres desdites Masses, ainsi que celui des délibérations du Conseil d'administration, & ils informeront sommairement, par le résumé de leur revue, le Secrétaire d'État de la guerre, de la situation où se trouveront les différentes Masses à l'époque du 1.er Mai.

Finances arrêtées au 1.er Mai.

40.

Point excéder le prix fixé pour les recrues & les chevaux.

LES Officiers généraux préviendront les Mestres-de-camp-commandans des régimens, dont les finances sont en bon état, que l'intention du Roi n'est point qu'ils profitent de cette circonstance pour donner des engagemens, & payer des chevaux au-delà du prix fixé, ni pour se procurer des

Effets d'habillement, idem.

effets d'habillement & d'équipement d'une qualité supérieure à celle des autres régimens, afin d'éviter que les Corps, dont les caisses sont arrièrées, entraînés par cet exemple, n'augmentent encore leur *deficit* : Veut cependant bien Sa Majesté leur permettre d'augmenter les remplacemens en hommes & en chevaux si lesdits Officiers le jugent convenable.

41.

Grandes dépenses; par qui arrêtées.

LES grandes dépenses seront arrêtées par les quatre Officiers supérieurs qui composent le Conseil d'administration, & si, pendant l'absence du Mestre-de-camp-commandant, il étoit ordonné une dépense extraordinaire, sans son agrément, la somme à quoi elle aura monté, sera retenue sur les appointemens des deux principaux Officiers qui auront assisté au Conseil.

Visite de la caisse, & vérification des marchés.

Les Officiers généraux se feront représenter les marchés & quittances des Fournisseurs, & visiteront eux-mêmes la caisse de chaque Corps; ils vérifieront si les sommes qui doivent s'y trouver y sont réellement, soit en espèces, soit en effets d'équipement, d'habillement & d'harnachement; ils se feront remettre un bordereau exact & conforme au modèle joint à la présente Instruction, de la situation de ladite caisse depuis le 1.er Mai 1783 jusqu'au 1.er Mai de cette année; l'intention de Sa Majesté est que dans aucun cas, les trois clefs de la caisse de chaque régiment ne puissent être remises entre les mains de la même personne.

Époque de l'arrêté des finances.

42.

Défense aux Quartiers-maîtres, de faire des avances aux Officiers.

LA facilité que quelques Quartiers-maîtres-trésoriers ont eue de faire des avances à des Officiers, ayant été préjudiciable aux intérêts des Corps, les Officiers généraux leur défendront d'avoir à l'avenir de pareilles complaisances, sous peine d'éprouver sur leurs appointemens, la retenue de la somme qu'ils auront prêtée; & dans le cas où cette avance auroit été faite par l'ordre des Officiers commandant les régimens, ces derniers en supporteront la retenue sur leurs appointemens.

Veut cependant bien Sa Majesté permettre aux Conseils d'administration, d'autoriser les Quartiers-maîtres-trésoriers à faire une avance aux Officiers qui devront jouir du sémestre, jusqu'à concurrence de deux mois de leurs appointemens seulement, si ce secours est reconnu indispensablement nécessaire par le Conseil d'administration pour leur faciliter les moyens d'aller chez eux.

Deux mois d'appointemens aux Officiers qui vont en semestre.

43.

Les Officiers généraux feront assembler à la seconde revue le régiment pour le voir manœuvrer; ils examineront avec attention si toutes les manœuvres sont exécutées conformément à l'Ordonnance, & ils ne toléreront aucun changement. Si quelque regiment s'étoit écarté de ce qui est prescrit, soit pour les manœuvres, soit pour les détails de l'École d'instruction, les Officiers généraux en informeront sur le champ le Secrétaire d'État de la guerre : Sa Majesté voulant que non-seulement les Mestres-de-camp-commandans soient responsables de l'exécution de ce qu'Elle a réglé à cet égard, mais encore que, si l'Officier supérieur qui aura commandé le régiment pendant l'hiver, y avoit laissé établir quelque chose qui y fût contraire, il lui soit rendu compte de l'ordre sur lequel il y aura été autorisé.

Faire manœuvrer le régiment, & rendre compte.

44.

Il a été donné des ordres pour faire distribuer à chaque escadron des Troupes à cheval, savoir:

Distribution de poudre & de plomb par escadron.

A ceux de Cavalerie & de Chevaux-légers, soixante-deux livres de poudre & trente-deux livres de plomb.

A ceux de Hussards, cent cinquante livres de poudre & soixante-quinze livres de plomb.

Et à ceux de Dragons ou Chasseurs à cheval, quatre-vingt-sept livres de poudre & quarante-quatre livres de plomb.

Les Officiers généraux donneront les leur pour l'emploi utile de ces munitions, afin qu'elles ne soient consommées à d'autres usages qu'à ceux auxquels elles sont destinées.

45.

Visite des chambrées & des écuries.

Les Officiers généraux se rendront aux casernes du régiment, ils visiteront quelques chambres, ils jugeront de l'arrangement intérieur desdites chambres, & ils verront si elles sont tenues dans l'ordre & la propreté convenables. Ils visiteront aussi les écuries, & examineront si elles sont saines & pourvues des ustensiles nécessaires.

46.

Examen de la conduite, mœurs & talens des Officiers.

Les Officiers généraux s'attacheront à connoître l'esprit & la composition du Corps des Officiers dans chaque régiment, & ne négligeront rien de tout ce qui pourra les conduire à fixer l'opinion qui sera dûe aux talens, aux mœurs, au caractère & à la conduite de chacun d'eux. Ils vérifieront leur aptitude & leurs connoissances dans les exercices & les manœuvres, s'ils sont armés, équipés, habillés & coiffés uniformément; ils s'informeront & s'assureront par eux-mêmes du degré de zèle qu'ils auront pour le service, de leurs soins & de leur attention pour la discipline, & de leur dévouement à la subordination: ils marqueront leur avis en général sur les bas Officiers, & donneront une attention particulière & scrupuleuse pour connoître les Officiers qui seront proposés pour des grades supérieurs, & ils s'en feront rendre compte par les quatre Officiers supérieurs des Corps.

47.

Mémoires de grâces.

Les Officiers généraux se feront remettre, par les Mestres-de-camp-commandans, les Mémoires de grâces, conformément aux Ordonnances, Règlemens & Décisions de Sa Majesté.

48.

Mémoires de retraite.

Les Officiers généraux observeront de ne pas recevoir de Mémoires tendant à obtenir des retraites pour des Officiers qui n'auront pas au moins, avec vingt-cinq années de service révolus, des blessures ou des infirmités bien constatées qui les

les mettent hors d'état de les continuer : ils auront attention de faire ſigner ces Mémoires par les Officiers qui en feront l'objet, & de les prévenir que leur retraite une fois accordée, ils ne pourront plus opter.

49.

État à adreſſer au Secrétaire d'État de la guerre.

LES Officiers généraux ſe feront donner, lors de leur ſeconde revue, les états détaillés ci-après, conformément aux modèles joints à la préſente Inſtruction, & les adreſſeront au Secrétaire d'Etat de la guerre, immédiatement après la clôture du travail de chaque régiment.

1.° L'état des Officiers de chaque régiment, diſtingués par leurs talens, & ſuſceptibles de remplir des emplois ſupérieurs.

2.° L'état des grâces.

3.° L'état nominatif des bas Officiers Inſtructeurs qui, par leur zèle & leurs talens, ſont ſuſceptibles d'une gratification.

4.° L'état des bas Officiers, Cavaliers, Chevaux-légers, Huſſards, Dragons ou Chaſſeurs à cheval, déſignés pour les récompenſes militaires, qui comprendra auſſi ceux déſignés pour entrer à demeure à l'Hôtel royal des Invalides & dans les Compagnies détachées.

5.° Un état ſignalé de l'homme qui aura été déſigné pour les Carabiniers.

6.° L'état des bas Officiers, Cavaliers, Chevaux-légers, Huſſards, Dragons ou Chaſſeurs à cheval qui ſont parvenus à la vétérance, & auxquels il doit être envoyé la marque diſtinctive & le brevet.

7.° L'état des hommes à congédier par grâce.

8.° L'état de la ſituation de l'habillement & de l'équipement, & de l'harnachement des chevaux, & les effets à remplacer dans le courant de l'année avec le prix de chacun d'eux. Cet état comprendra auſſi ſommairement le nombre de médaillons à renouveler.

9.° L'état de l'armement & des remplacemens néceſſaires.

10.° L'état nominatif des Officiers-ſemeſtriers qui n'ont pas rempli l'obligation de l'article 9 de l'Ordonnance du 18 octobre 1777, concernant les ſemeſtres, & auxquels il a été fait des retenues.

11.° L'état des finances.

12.° L'état détaillé des ſecours accordés chaque année à la Maſſe générale, depuis la composition en 1776, tant en gratification qu'en avance, & des remboursemens qui ont été faits ou qui restent à faire sur le secours donné en avance.

13.° Le livret de la revue.

14.° Le résumé général clair & précis des opérations de l'inspection.

15.° L'état signalé des chevaux de remonte achetés par le régiment, pour compléter l'ancien fonds, avec des observations sur leurs bonnes ou mauvaises qualités.

16.° L'état signalé des chevaux de l'augmentation ordonnée en 1783, avec les mêmes observations.

17.° L'état des chevaux réformés pour être vendus au profit de la Masse générale, avec le prix de chacun.

50.

Par qui les états seront signés.

LES états concernant la finance & les réparations, seront signés des Membres du Conseil d'administration, les autres le seront seulement des Chefs du Corps. L'intention de Sa Majesté étant que les Commandans des provinces aient connoissance de la situation & des objets relatifs à la tenue, la discipline, les exercices & les manœuvres des Corps qui sont sous leurs ordres, les Officiers généraux leur rendront compte sommairement, dans la forme du modèle *n.° 18*, joint à la présente Instruction.

État de situation pour les Commandans des provinces.

51.

Envoi de l'état de situation.

LES Officiers généraux ordonneront au Commandant de chaque régiment de leur inspection, de leur adresser tous les mois un état de situation conforme au modèle *n.° 19*, annexé à la présente Instruction, & de les informer d'ailleurs régulièrement de tout ce qui pourroit intéresser le service de Sa Majesté. Ils lui prescriront de faire passer en même-temps deux de ces états de situation, l'un au Secrétaire d'État de la guerre, & l'autre à l'Officier général commandant dans la province, en observant de ne pas faire mention dans ce dernier, de la situation des finances.

52.

Livret de revue à laisser à

LES Officiers généraux laisseront à chaque régiment un

1. avril 1784.

Livret de revue, à la fin duquel il y aura une récapitulation & un arrêté de la force du régiment, tant en hommes qu'en chevaux; ils feront mention à la fuite dudit arrêté de ce qu'ils auront trouvé de contraire à ce qui eſt preſcrit, ſoit pour l'école d'inſtruction, ſoit dans l'exécution des manœuvres, dans l'habillement, l'équipement de l'homme & du cheval, ou la tenue, & des ordres qu'ils auront donnés pour le rectifier.

chaque régiment, & objets à y preſcrire.

Ce Livret ſera préſenté à l'Officier général qui ſera la revue de l'année ſuivante, pour qu'il puiſſe juger ſi les ordres donnés ont eu leur exécution; il jugera également ſi quelques hommes de recrues, ou chevaux de remonte, ayant été marqués à revoir, ont acquis la taille & les qualités convenables, & s'ils ſont en état de ſervir.

Livret de revue à préſenter à l'Officier général.

53.

L'INTENTION de Sa Majeſté étant que tous les régimens de Troupes à cheval, ſoient entretenus au complet; les Officiers généraux prendront avec les Corps, les meſures qu'ils jugeront les plus propres à s'en aſſurer. Sa Majeſté a permis à cet effet de détacher, pendant l'été, un Officier & pluſieurs bas Officiers par régiment, pour s'occuper du travail des recrues des Corps qui auront beſoin de ce ſecours. Les Officiers généraux tiendront la main à l'exécution de cette diſpoſition.

Meſures à prendre pour compléter les régimens.

54.

L'INTENTION de Sa Majeſté, eu égard au ſemeſtre, eſt que le Lieutenant-colonel & le Major roulent enſemble, que l'un des deux ſoit abſolument préſent au Corps, & que dans tous les cas il y ait toujours à chaque compagnie un Officier de chaque grade.

Diſpoſitions pour les ſemeſtres.

Sa Majeſté voulant procurer aux Officiers de ſes Troupes à cheval, les moyens de vaquer à leurs affaires, ſans que le bien de ſon ſervice puiſſe en recevoir aucun préjudice, permet aux Officiers à qui le ſemeſtre ſera échu, & qui pourront ſe paſſer d'en profiter, ſoit en tout, ſoit en partie, de le partager & même de le céder en entier à ceux de leur grade & de leur compagnie dont la présence feroit nécessaire chez eux; en cas de partage, l'Officier qui restera au Corps, n'en pourra partir qu'après le retour de celui qui aura eu la liberté de s'absenter le premier.

55.

Obligation des Officiers-semestriers, au sujet des recrues.

Officiers, privés des semestres, & dans quel cas.

LES recrues des Officiers-semestriers ayant toujours été regardées comme les plus solides & les meilleures; Sa Majesté veut que ces Officiers ne puissent jamais être dispensés d'envoyer au moins deux hommes de recrue à leur régiment, & son intention est que ceux qui auront éprouvé une retenue deux années de suite, pour n'avoir point rempli l'obligation qu'Elle leur impose, soient privés en entier du semestre lorsque leur tour d'en profiter arrivera; pour cet effet les Officiers généraux remettront un état signé d'eux, des Officiers qui seront dans ce cas, aux Commissaires des guerres, avec défenses de les comprendre dans les procès-verbaux de semestres qu'ils dresseront.

56.

Vivres, fourrages, hôpital, prisons, service de la Place.

LES Officiers généraux visiteront l'hôpital, les prisons; ils examineront les vivres & les fourrages; ils se feront aussi rendre compte par les Officiers de l'État-major de la Place, de la façon dont le régiment fait le service, & de son exactitude à observer la discipline. Ils en rendront compte dans leur résumé au Secrétaire d'État de la guerre; & dans le cas où il y auroit des observations étendues à faire sur chacun de ces objets, ils les feroient séparément, & les joindroient au résumé général de leur opération.

57.

Concernant les Chevaux-légers & Chasseurs à cheval.

LES Officiers généraux qui seront chargés de faire les revues des régimens de Chevaux-légers & de Chasseurs à cheval, tiendront exactement la main à ce que les dispositions des Ordonnances du 29 janvier 1779, portant création de six régimens de Chevaux-légers & six de Chasseurs à cheval, soient exactement suivies, & leur défend

de

1.er avril 1784.

de recevoir, & aux Commandans des corps de donner aucun Mémoire, tendant, sous prétexte du bien de son service, à apporter quelques changemens que ce puisse être dans la composition, la tenue, les exercices, les manœuvres, l'habillement, l'équipement, l'harnachement; voulant Sa Majesté que les six régimens de Chevaux-légers se conforment en tout point aux Ordonnances concernant la Cavalerie, & les six régimens de Chasseurs à cheval, à celles qui ont été rendues pour les Dragons, à peine de désobéissance.

FORMALITÉS à observer à l'égard des régimens de Hussards.

58.

SA MAJESTÉ ayant jugé à propos de donner à Monf. le Duc de Chartres la place de Colonel général de ses Hussards, & de lui accorder la permission de lui mettre sous les yeux tous les objets qui ont rapport à la police intérieure de cette Troupe, & les demandes de grâces dont les services des Officiers, bas Officiers & Hussards les rendent susceptibles; son intention est que les Officiers généraux qui seront chargés de les voir, se conforment, quant aux autres objets, à tout ce qui leur est prescrit pour les Troupes à cheval, & qu'ils fassent passer au Colonel général des Hussards, des doubles des états qu'ils doivent envoyer au Secrétaire d'État de la guerre; & son intention est cependant que lesdits Officiers généraux retranchent sur le champ toutes les dépenses qui n'auront pas rapport à ce qui est prescrit pour la tenue & la discipline.

59.

LES Officiers généraux sont prévenus qu'ils ne doivent exiger des régimens de Hussards qu'un état sommaire des finances, & qu'ils doivent se conduire pour le surplus, à l'égard de ces Corps, comme il est prescrit par l'Instruction concernant l'Infanterie, pour ce qui eſt relatif aux régimens Suiſſes.

FAIT à Verſailles le premier Avril mil ſept cent quatre-vingt-quatre.

Signé LOUIS. *Et plus bas*, LE M.^{AL} DE SÉGUR.

A PARIS, DE L'IMPRIMERIE ROYALE. 1784.

PREMIÈRE REVUE,
faite par M.
à le

CAVALERIE, CHEVAUX-LÉGERS, HUSSARDS, DRAGONS & CHASSEURS À CHEVAL.

Régiment d

ÉTAT de la Situation du Régiment d à l'époque de la première Revue d'inspection.

Recrues. . . . .

Remontes. . . . .

Instruction par Compagnie. .

Habillement & Réparations.

Équipement de l'Homme. .

Équipement du Cheval. . .

Armement. . . . .

OFFICIERS. . . . . en Congés. en Recrues. qui n'ont pas fait de Recrues.

Nota. Les Officiers généraux donneront leur opinion sur chacun de ces objets.

Cavaliers, Chevaux-légers, Hussards, Dragons & Chasseurs à cheval, absens.	par suite de Semestre.
	par Congé.
	en Recrue
	aux Hôpitaux externes.
	à l'Hôpital du lieu.
	en Remonte.
	en Prison.

TOTAL.........

Présens sous les armes........

TOTAL DE L'EFFECTIF......

Manque au complet.........

TOTAL au complet.....

CHEVAUX DE TROUPE.

Présens....................

Manque au complet...........

TOTAL au complet.....

CHEVAUX D'OFFICIERS.

Présens....................

Manque au complet...........

TOTAL au complet.....

OBSERVATIONS.

SPECTION
ite par M.

N. I.

Cavalerie, Chevaux-Légers, Dragons ou Chasseurs à cheval.

Régiment d

État des Officiers qui sont susceptibles de passer à des Emplois supérieurs.

NOMS des OFFICIERS.	GRADES.	GRADES dont ils sont susceptibles.	*OBSERVATIONS.*

Cavaliers, Chevaux-légers, Hussards, Dragons & Chasseurs à cheval, absens.

- par suite de Semestre.
- par Congé.
- en Recrue
- aux Hôpitaux externes.
- à l'Hôpital du lieu.
- en Remonte.
- en Prison.

TOTAL..........

Présens sous les armes........

TOTAL DE L'EFFECTIF......

Manque au complet.........

TOTAL au complet.....

CHEVAUX DE TROUPE.

Présens...................

Manque au complet...........

TOTAL au complet......

CHEVAUX D'OFFICIERS.

Présens...................

Manque au complet...........

TOTAL au complet......

OBSERVATIONS.

INSPECTION
faite par M.
à
le

Nota. Les Mémoires doivent être joints à cet État.
Si des bas Officiers sont susceptibles de gratifications, ils seront portés sur un État séparé.

CAVALERIE, CHEVAUX-LÉGERS, DRAGONS ou CHASSEURS À CHEVAL.

N.° 2.

Régiment d

ÉTAT DES GRÂCES.

NOMS des OFFICIERS.	GRADES.	NATURE des SERVICES.	GRÂCES qu'ils demandent.	OBSERVATIONS.

INSPECTION
faite par M.
à
le

CAVALERIE, CHEVAUX-LÉGERS, DRAGONS, ou CHASSEURS À CHEVAL.

Régiment d

ÉTAT nominatif des bas Officiers-instructeurs qui par leur zèle & leurs talens sont susceptibles d'une gratification.

NOMS des COMPAGNIES.	NOMS des HOMMES.	GRADES.	GRATIFICATION à accorder à chacun.	OBSERVATIONS.

INSPECTION
faite par M.
à
le

CAVALERIE, CHEVAUX-LÉGERS, DRAGONS ou CHASSEURS À CHEVAL.

Régiment d

ÉTAT des Hommes proposés pour se retirer chez eux, avec la Pension de récompense militaire, ou entrer à demeure à l'Hôtel des Invalides, ou dans les Compagnies détachées.

COMPAGNIES.	NOMS DE BAPTÊME ET DE FAMILLE des Hommes.	ÂGE.	LIEUX de NAISSAN

[...]TAIL de [...]s Services.	Nombre d'années de Service.	Grades dans lesquels ils ont servi, & depuis quel temps ils servent dans leur dernier Grade.	Pensions dont ils doivent jouir.	Destinés pour l'Hôtel, ou les Compagnies détachées.	*OBSERVATIONS.* Blessures & Infirmités de chacun.

NSPECTION
faite par M.
à
le

N.° 5.

CAVALERIE, CHEVAUX-LÉGERS, DRAGONS ou CHASSEURS À CHEVAL.

Régiment d

ÉTAT signalé de l'Homme tiré pour le Régiment des Carabiniers de MONSIEUR.

NOMS DE BAPTÊME, DE FAMILLE & DE GUERRE.	LIEUX de NAISSANCE.	ÂGE.	TAILLE.	ÉPOQUE depuis laquelle il sert.	NOMBRE D'ANNÉES qui restent à servir.	*OBSERVATIONS.*

INSPECTION
faite par M.
à
le

N.° 6.

CAVALERIE, CHEVAUX-LÉGERS, DRAGONS ou CHASSEURS À CHEVAL.

Régiment d

ÉTAT des HOMMES de ce Régiment, parvenus au degré d'ancienneté, qui les rend susceptibles d'obtenir dès-à-présent le brevet & la marque distinctive de la Vétérance.

COMPAGNIES.	NOMS des HOMMES.	GRADES.	DÉTAIL des SERVICES, & Dates des RENGAGEMENS.	*OBSERVATIONS.*

INSPECTION
faite par M.
à
le

N.° 7.

CAVALERIE, CHEVAUX-LÉGERS, DRAGONS ou CHASSEURS À CHEVAL.

Régiment d

ÉTAT des Hommes à congédier par grâce, étant néceſſaires à leur famille.

COMPAGNIES.	NOMS des HOMMES.	GRADES.	ANNÉES qu'ils ont encore à ſervir.	PRIX des DÉGAGEMENS.	RAISONS pour leſquelles ils demandent LEUR CONGÉ.

CAVALERIE, CHEVAUX-LÉGERS, HUSSARDS, DRAGONS ou CHASSEURS À CHEVAL.

Régiment d

SITUATION DE L'HABILLEMENT.

		FAÇONNÉ & DÉLIVRÉ en 17		FAÇONNÉ & DÉLIVRÉ en 17		FAÇONNÉ & DÉLIVRÉ en 17		REMPLACEMENT proposé pour l'année 17	*OBSERVATIONS.*
		Bons.	Mauvais.	Bons.	Mauvais.	Bons.	Mauvais.		
Habits..	de Cadets-gentilshommes.	//	//	//	//	//	//	//	
	d'Adjudant...........	//	//	//	//	//	//	//	
	de Maréchaux-des-logis.	//	//	//	//	//	//	//	
	de Fourriers-écrivains...	//	//	//	//	//	//	//	
	de Brigadiers.........	//	//	//	//	//	//	//	
	de Dragons, Maîtres, ou Huſſards.........	//	//	//	//	//	//	//	
	de Trompettes........	//	//	//	//	//	//	//	
	de Fraters...........	//	//	//	//	//	//	//	
	de Maréchaux-ferrans...	//	//	//	//	//	//	//	
	de Maître Maréchal....	//	//	//	//	//	//	//	
	de Maître Sellier......	//	//	//	//	//	//	//	
	d'Armuriers..........	//	//	//	//	//	//	//	
Veſtes...............		//	//	//	//	//	//	//	
Gilets...............		//	//	//	//	//	//	//	
Culottes.............		//	//	//	//	//	//	//	
Chapeaux ou Caſques......		//	//	//	//	//	//	//	
Surtouts.............		//	//	//	//	//	//	//	
Manteaux.............		//	//	//	//	//	//	//	

ÉQUIPEMENT

		BONS.	À RÉPARER.	Hors de SERVICE.	À REMPLACER.
de l'Homme..	Ceinturons............	//	//	//	//
	Bandoulières..........	//	//	//	//
	Cartouches ou Gibernes...	//	//	//	//
	Grenadières de Mouſquets ou de Fuſils.......	//	//	//	//
	Sabres...............	//	//	//	//
du Cheval..	Houſſes..............	//	//	//	//
	Porte-manteaux........	//	//	//	//
	Selles...............	//	//	//	//
	Schabraques..........	//	//	//	//
	Bottes...............	//	//	//	//

MÉDAILLONS à remplacer.......................... //.

Nota. On fera mention ici ſi les réparations & remplacemens ont été retardés de quelques mois.

FAIT & arrêté

faite par M.
à
le

CAVALERIE, CHEVAUX-LÉGERS, HUSSARDS, DRAGONS ou CHASSEURS À CHEVAL.

Régiment d

SITUATION *de l'Armement dudit Régiment.*

	BONS.	HORS de SERVICE.	MANQUE au COMPLET.	TOTAL.	À REMPLACER.
Fusils	"	"	"	"	"
Baïonnettes	"	"	"	"	"
Sabres	"	"	"	"	"

FAIT & arrêté

faite par M.
à
le

CAVALERIE, CHEVAUX-LÉGERS, DRAGONS ou CHASSEURS À CHEVAL.

Régiment d

ÉTAT des Officiers-semestriers qui n'ont pas rempli l'obligation de l'article 9 de l'Ordonnance du 18 Octobre 1777, concernant les Semestres, & auxquels il a été fait des retenues au profit de la Masse générale.

NOMS des OFFICIERS.	GRADES.	RETENUES qui leur ont été faites.	*OBSERVATIONS.*

[illegible]

NSPECTION faite par M.
à
le

N.° 11.

CAVALERIE, CHEVAUX-LÉGERS, DRAGONS OU CHASSEURS À CHEVAL.

Régiment d

SITUATION des Finances du
au

RECETTES.

MASSE GÉNÉRALE.

Suivant l'arrêté de M. du
Elle avoit en Caisse. . . . . // # // [s] // [d]

Qui étoient représentées par

Espèces. . . . . // # // [s] // [d]

EFFETS ACTIFS.	Reconnoiſſances du Tréſorier de la Guerre.	// #	// [s]	// [d]	// // //
	Entre les mains de l'Officier chargé de la remonte.	//	//	//	
	Entre les mains des Officiers & bas Officiers-recruteurs.	//	//	//	
EN MAGASIN.	. . . aunes de drap à // . . .	//	//	//	// // //
	. . . *idem* de drap à // . . .	//	//	//	
	. . . *idem* de tricot à // . . .	//	//	//	
	. . . *idem* de toile écrue à // . . .	//	//	//	
	. . . *idem* galon de fil à // . . .	//	//	//	
	. . . douz. de gros bout.[s] à // . . .	//	//	//	
	. . . de bandoulières à // . . .	//	//	//	
	. . . de ceinturons à // . . .	//	//	//	
	. . . de ſelles à // . . .	//	//	//	

SOMME PAREILLE. . . . . // // //

Depuis cette époque juſqu'à ce jour, il eſt entré en Caiſſe. . . . . // // //

SAVOIR,

Du produit de la Maſſe générale à //[s] par an, par homme pour ci.	// #	// [s]	// [d]
Des Congés de grâce de hommes, dont // à //[s]. . // à . . . //[s] . . . // à . . //[s].	//	//	//
Rembourſement de l'homme fourni aux Carabiniers.	//	//	//
De la vente de chevaux réformés par M. le ci.	//	//	//
Des retenues faites à Officiers-ſemeſtriers qui n'ont amené qu'un homme, ſur le pied de . . . . //[s], & à autres qui n'en ont pas amené, ſur le pied de . . . //[s].	//	//	//
Secours reçus du Roi en gratification.	//	//	//
Secours reçus du Roi en avance, à charge de rembourſement. .	//	//	//

SOMME PAREILLE. . . . . // // //

TOTAL de la Recette . . . . // // //

DÉPENSES.

Recrues.	. . . hommes à //l . . . du travail des Officiers-semestriers. .	//ll	//s	//d		//ll	//s	//d
	. . . idem. . . à // . . . du travail des Officiers & bas Officiers-recruteurs.	//	//	//				
	. . . idem. . . à // . . . faits par l'État-major.	//	//	//				
Rengagemens. . .	. . . hommes de // . . . ans de service pour // . . . ans. .	//	//	//		//	//	//
	. . . idem de // . . . ans de service pour // . . . ans. .	//	//	//				
	. . . idem de // . . . ans de service pour // . . . ans. .	//	//	//				
Remonte	. . . chevaux achetés à . . . . . . du S.r à //l . . . l'un.	//	//	//		//	//	//
	. . . idem. . . . . à . . . . . . du S.r à // . . . l'un.	//	//	//				
	Gratification à l'Officier chargé de la remonte.	//	//	//				
	Nourriture de // . . . . . chevaux à // . . . par jour.	//	//	//				
Habillement. . . .	. . . aunes de drap. . . . du S.r dem.t à . . . à //l'aune.	//	//	//		//	//	//
	. . . idem de drap . . . . . du S.r idem à . . . à //	//	//	//				
	. . . idem de tricot. . . . du S.r idem à . . . à //	//	//	//				
	. . . idem de serge. . . . . du S.r idem à . . . à //	//	//	//				
	. . . idem toile écrue. . . du S.r idem à . . . à //	//	//	//				
	. . . idem galon . . . . fin du S.r idem à . . . à //	//	//	//				
	. . . idem galon de fil du S.r idem à . . . à //	//	//	//				
	. . . idem galon de livrée du S.r idem à . . . à //	//	//	//				
	. . . chapeaux ou casques du S.r idem à . . . à //	//	//	//				
	. . . douzaines de gros boutons. . . . . N.os . . . . &c. & . . . . douz. de petits du S.r idem.	//	//	//				
	pour le transport de ces effets au S.r Bietrix.	//	//	//				
	façons de. . . . habits complets à . . . l'un.	//	//	//				
	main-d'œuvre pour les réparations, suivant les états détaillés & certifiés par le Capitaine comm.t de chaque Compagnie.	//	//	//				
ÉQUIPEMENT de l'homme.	. . . ceinturons. . . . . du S.r idem à . . . à // l'un. . .	//	//	//		//	//	//
	. . . bandoulières. . . . du S.r idem à . . . à //	//	//	//				
	. . . grenadières de mousquetons ou de fusils, du S.r idem à . . . . . à // l'une.	//	//	//				
ÉQUIPEMENT du Cheval.	. . . aunes de drap pour . . . housses, du S.r idem à . . . . à // l'aune	//	//	//		//	//	//
	. . . idem de galon . . . de fil pour idem, du S.r idem à . . . à // . . . l'aune.	//	//	//				
	. . . selles du S.r idem à . . . . . à // l'une.	//	//	//				
	. . . bottes du S.r idem à . . . . . à // la paire.	//	//	//				
	pour le transport de ces effets au S.r Bietrix.	//	//	//				
	façons & réparations.	//	//	//				
Armement.	. . . fourreaux de sabre du S.r idem à . . . à // . . . l'un.	//	//	//		//	//	//
	entretien & réparations aux armes.	//	//	//				
						//	//	//

1er avril 1784.

Ci-contre .... ″tt ″f ″d

Faux-frais... { 4 deniers pour liv. sacs & quittance de la somme de ″l ″f ″d montant des différens décomptes du Trésorier .... ″tt ″f ″d ; capitation de (tel semestre) .... ″ ″ ″ ; frais de Bureau, ports de lettres .... ″ ″ ″ ; papier à Cartouches .... ″ ″ ″ } ″ ″ ″

TOTAL des Dépenses .... ″ ″ ″

RÉSULTAT DES MASSES.

Masse générale. { La Recette est de .... ″ ″ ″ ; La Dépense a monté à .... ″ ″ ″ ; Cette Masse a un de .... ″ ″ ″ }

Masse du Linge & Chaussure. { Elle avoit en caisse à la même époque .... ″tt ″f ″d ; Elle a reçu .... ″ ″ ″ } ″ ″ ″ ; La Dépense a monté à .... ; Cette Masse a un de .... ″ ″ ″

Masse de propreté. { Elle avoit en Caisse à la même époque .... ″ ″ ″ ; Elle a reçu depuis .... ″ ″ ″ } ″ ″ ″ ; La Dépense a monté à .... ; Cette Masse a un de .... ″ ″ ″

Masse des Porte-étendards ou Guidons. { Elle avoit en Caisse à la même époque .... ″ ″ ″ ; Elle a reçu depuis .... ″ ″ ″ } ″ ″ ″ ; La Dépense a monté à .... ″ ″ ″ ; Elle a un de .... ″ ″ ″

SITUATION DE LA CAISSE.

	En Caisse.	En Déficit.
	″tt ″f ″d	″tt ″f ″d
à la Masse générale	″ ″ ″	″ ″ ″
à celle du linge & chaussure	″ ″ ″	″ ″ ″
à celle de propreté	″ ″ ″	″ ″ ″
à celle des Porte-étendards ou Porte-guidons	″ ″ ″	″ ″ ″
TOTAL	″ ″ ″	″ ″ ″

Représenté par

Effets actifs... { En Espèces .... ″tt ″f ″d ; Reconnoissances du Trésorier de la Guerre ... ″ ″ ″ ; *idem* des Officiers & bas Officiers-recruteurs .. ″ ″ ″ ; *idem* de l'Officier chargé de la remonte ..... ″ ″ ″ } ″ ″ ″

En magasin... { ... aune de drap ... à ″ .... ″ ″ ″ ; ... *idem* de tricot ... à ″ .... ″ ″ ″ ; ... *idem* de serge ... à ″ .... ″ ″ ″ ; ... *idem* de toile ... à ″ .... ″ ″ ″ } ″ ″ ″

} Somme pareille.

″ ″ ″

DÉTAIL approximatif des RECETTES *&* DÉPENSES, *du 1.er Mai 178 au 1.er Mai 178*

RECETTE.

Il restoit en Caisse à la Masse générale, le 1.er Mai 178...	"	"	"	
Produit de la Masse générale, du 1.er Mai 178 au 1.er Mai 178	"	"	"	
Retenues faites aux Officiers-semestriers	"	"	"	
Congés de Grâce pendant ledit temps	"	"	"	" " "
Remboursement de l'homme fourni aux Carabiniers ...	"	"	"	
Chevaux réformés vendus	"	"	"	
Secours reçus du Roi en gratification	"	"	"	
Secours en avance reçus du Roi, à charge de rembours.t	"	"	"	

DÉPENSE.

Recrues	"	"	"	
Rengagemens	"	"	"	
Remontes	"	"	"	
Habillement compris les réparations	"	"	"	
Équipement ... de l'Homme	"	"	"	
Équipement ... du Cheval	"	"	"	" " "
Armement ... de l'Homme	"	"	"	
Armement ... du Cheval	"	"	"	
Faux-frais	"	"	"	
À payer pour fournitures reçues	"	"	"	
À rembourser pour avances reçues par le Roi	"	"	"	
PARTANT, la Masse générale aura, au 1.er Mai 178 en Caisse ou en *deficit*				" " "

CERTIFIÉ véritable par nous Membres du Conseil d'administration,

à *le*

VU & vérifié par nous *des Armées du Roi, chargé de l'inspection dudit Régiment.*

INSPECTION faite par M
à
le

CAVALERIE, CHEVAUX-LÉGERS, HUSSARDS, DRAGONS ou CHASSEURS À CHEVAL.

Régiment d

ÉTAT des secours extraordinaires accordés depuis la nouvelle composition en 1776.

SAVOIR:

ANNÉES	SOMMES ACCORDÉES En Avance.	SOMMES ACCORDÉES En Gratification.	SOMMES remboursées sur les AVANCES.	SOMMES à rembourser sur les AVANCES.	OBSERVATIONS.
1776...	〃	〃	〃	〃	
	〃	〃	〃	〃	
1777...	〃	〃	〃	〃	
	〃	〃	〃	〃	
1778...	〃	〃	〃	〃	
	〃	〃	〃	〃	
1779...	〃	〃	〃	〃	
	〃	〃	〃	〃	
1780...	〃	〃	〃	〃	
	〃	〃	〃	〃	
1781...	〃	〃	〃	〃	
	〃	〃	〃	〃	
1782...	〃	〃	〃	〃	
	〃	〃	〃	〃	
1783...	〃	〃	〃	〃	
	〃	〃	〃	〃	
1784...	〃	〃	〃	〃	
	〃	〃	〃	〃	

DÉTAIL approximatif des RECETTES & DÉPENSES,
du 1.er Mai 178 au 1.er Mai 178.

RECETTE.

Il restoit en Caisse à la Masse générale, le 1.er Mai 178...	″	″	″			
Produit de la Masse générale, du 1.er Mai 178 au 1.er Mai 178	″	″	″			
Retenues faites aux Officiers-semestriers..........	″	″	″			
Congés de Grâce pendant ledit temps............	″	″	″	″	″	″
Remboursement de l'homme fourni aux Carabiniers...	″	″	″			
Chevaux réformés vendus....................	″	″	″			
Secours reçus du Roi en gratification..........	″	″	″			
Secours en avance reçus du Roi, à charge de rembours.t	″	″	″			

DÉPENSE.

Recrues..................................	″	″	″			
Rengagemens..............................	″	″	″			
Remontes.................................	″	″	″			
Habillement compris les réparations..........	″	″	″			
Équipement... de l'Homme..................	″	″	″			
Équipement... du Cheval....................	″	″	″	″	″	″
Armement.... de l'Homme....................	″	″	″			
Armement.... du Cheval.....................	″	″	″			
Faux-frais................................	″	″	″			
À payer pour fournitures reçues..............	″	″	″			
À rembourser pour avances reçues par le Roi.....	″	″	″			
PARTANT, la Masse générale aura, au 1.er Mai 178 en Caisse ou en *deficit*....................				″	″	″

CERTIFIÉ véritable par nous Membres du Conseil d'administration, à le

VU & vérifié par nous des Armées du Roi, chargé de l'inspection dudit Régiment.

1er avril 1788 N.° 13.

CAVALERIE, CHEVAUX-LÉGERS, HUSSARDS, DRAGONS OU CHASSEURS À CHEVAL.

RÉGIMENT d

REVUE faite à
par M.

ompagnie d

M. Capitaine-commandant.
M. Capitaine en ſecond.
M. Premier Lieutenant.
M. Lieutenant en ſecond.
M. Sous-lieutenant.
M. Sous-lieutenant.
M. Sous-lieutenant en troiſième.

Cadet-gentilhomme. . . . .
Maréchal-des-logis en chef. . . . .
Maréchal-des-logis. . . . .
Fourrier-écrivain. . . . .
Brigadiers . . . .
Cavaliers. . . . .
Frater . . . .
Maréchal-ferrant . . . .
Trompettes . . . .

TOTAL. . . . .

Dont à l'hôpital du lieu. . . . .
Aux hôpitaux externes. . . . .
Abſens par congés. . . . .
Détachés . . . .
} . . . . .

PRÉSENS ſous les armes. . . . .

MANQUE au complet de ladite Compagnie. . . . .
Non compris les hôpitaux, les abſens par congés & détachés. . . . .

CHEVAUX de Troupes. . . . .
CHEVAUX d'Officiers. . . . .

Compagnie d

M. Capitaine-commandant.
M. Capitaine en ſecond.
M. Premier Lieutenant.
M. Lieutenant en ſecond.
M. Sous-lieutenant.
M. Sous-lieutenant.
M. Sous-lieutenant en troiſième.

Cadet-gentilhomme....................................
Maréchal-des-logis en chef...........................
Maréchal-des-logis...................................
Fourrier-écrivain....................................
Brigadiers...
Cavaliers..
Frater...
Maréchal-ferrant.....................................
Trompettes...

TOTAL....................

Dont à l'hôpital du lieu............
Aux hôpitaux externes...............
Abſens par congés...................
Détachés............................
} .....

PRÉSENS ſous les armes....................

MANQUE au complet de ladite Compagnie....................
Non compris les hôpitaux, les abſens par congés & détachés..........

CHEVAUX de Troupes....................................
CHEVAUX d'Officiers....................................

Compagnie d

M.	Capitaine-commandant.
M.	Capitaine en fecond.
M.	Premier Lieutenant.
M.	Lieutenant en fecond.
M.	Sous-lieutenant.
M.	Sous-lieutenant.

Cadet-gentilhomme. . . . .

Maréchal-des-logis en chef. . . . .

Maréchal-des-logis. . . . .

Fourrier-écrivain. . . . .

Brigadiers . . . .

Cavaliers. . . . .

Frater . . . .

Maréchal-ferrant. . . . .

Trompettes . . . .

TOTAL. . . . .

Dont à l'hôpital du lieu . . . .
Aux hôpitaux externes. . . . .
Abfens par congés. . . . .
Détachés. . . . .
} . . . . .

Présens fous les armes. . . . .

Manque au complet de ladite Compagnie. . . . .

Non compris les hôpitaux, les abfens par congés & détachés. . . . .

Chevaux de Troupes. . . . .

Chevaux d'Officiers. . . . .

Compagnie d

M. Capitaine-commandant.
M. Capitaine en second.
M. Premier Lieutenant.
M. Lieutenant en second.
M. Sous-lieutenant.
M. Sous-lieutenant.

Cadet-gentilhomme.................................
Maréchal-des-logis en chef..........................
Maréchal-des-logis.................................
Fourrier-écrivain...................................
Brigadiers..
Cavaliers..
Frater...
Maréchal-ferrant....................................
Trompettes..

TOTAL.........................

Dont à l'hôpital du lieu................
Aux hôpitaux externes..............
Absens par congés..................
Détachés...........................
} .....

PRÉSENS sous les armes.....................

MANQUE au complet de ladite Compagnie.....................
Non compris les hôpitaux, les absens par congés & détachés.........

CHEVAUX de Troupes...................................
CHEVAUX d'Officiers...................................

ÉTAT-MAJOR.

M.[rs]	Mestre-de-camp-commandant.
	Mestre-de-camp en second.
	Lieutenant-colonel.
	Major.
	Quartier-maître-trésorier.
	Porte-étendard.
Les S.[rs]	Adjudant.
	Chirurgien-major.
Le P.	Aumônier.
e nom.[s]	Maître Maréchal.
	Maître Sellier.
	Armurier.

OFFICIERS attachés au Régiment.

CAPITAINES avec réforme.		OFFICIERS ATTACHÉS.					
		CAPITAINES.		LIEUTENANS.		SOUS-LIEUTENANS	
Les S.[rs]	présens ou absens.	Les S.[rs]	présens ou absens.	Les S.[rs]	présens ou absens.	Les S.[rs]	présens ou absens.

RÉCAPITULATION.

Officiers de l'État-major..........
Capitaines-commmandans..........
Capitaines en second............
Premiers Lieutenans.............
Lieutenans en second...........
Sous-lieutenans................

TOTAL des Officiers.......

HOMMES.

Cadets-gentilshommes..
Hommes de l'État-major ....
Maréchaux-des-logis en chef......
Maréchaux-des-logis............
Fourriers-écrivains............
Brigadiers.................
Cavaliers...................
Fraters....................
Maréchaux-ferrans..............
Trompettes..................

TOTAL......

Dont... à l'hôpital du lieu....
aux hôpitaux externes..
absens par congés....
detachés..........

PRÉSENS sous les armes....

CE régiment étoit, à la dernière revue d'inspection faite par M.
le 17 , à hommes.

IL a reçu en recrues.....

CE régiment devroit être à..

IL A PERDU.

Morts................
Désertés...............
Réformés...............
Chassés...............
Congédiés...............
Aux Invalides............
Partis avec la Pension chez eux.
Supprimés des contrôles......
&c.

CE régiment est resté à cette Revue à.....
MANQUE au complet..............

TOTAL AU COMPLET ....

Dans le nombre d'hommes dont ce régiment est composé, il y en a,

Qui ont fait la guerre . . . .
Qui jouissent de la vétérance . . . .
Qui parviendront à la vétérance dans le courant de l'année.
Qui se sont rengagés depuis la dernière revue . . . .
A congédier d'ici au prochain . . . . . .

CHEVAUX DE TROUPE.

Ce régiment étoit à la dernière revue d 17
à chevaux. . . . .

Chevaux de remonte. . . . .

Ce régiment devroit être à. . . . .

IL A PERDU,

Chevaux de réformes & vendus }
Morts. . . . . } . . . .

Ce régiment est resté à. . . . .

Manque au complet . . . .

TOTAL au complet. . . . .

CHEVAUX D'OFFICIERS.

Présens. . . . .
Manque au complet . . . .
Total au complet. . . . .

FINANCES.

Il reste en caisse à ce régiment,

A la masse générale, la somme de. . . . .
A la masse de linge & chaussure. . . . .
A la masse de propreté. . . . .
A celle des Porte-étendards ou Porte-guidons . . . .

TOTAL DES FONDS EN CAISSE. . . . .

SUR QUOI il doit . . . .

PARTANT, il ne reste réellement que. . . . .

OBSERVATIONS.

OBSERVATIONS.

1 avril 1784

INSPECTION faite par M.
à
le

CAVALERIE, CHEVAUX-LÉGERS, HUSSARDS, DRAGONS ou CHASSEURS À CHEVAL.

N.° 14.

Régiment d

RÉSUMÉ GÉNÉRAL de la Revue

Nota. Ce résumé doit être fait à la main, & écrit très-lisiblement.

Les Officiers généraux marqueront leur opinion sur chaque objet.

ESPÈCE D'HOMMES dont le Régiment est composé.

RECRUES; leur espèce, & le prix de chaque Homme, compris les frais.

ESPÈCE DE CHEVAUX dont le Régiment est composé.

REMONTES; leur espèce, & le prix de chaque Cheval.

INSTRUCTION du Corps, des Officiers & des bas Officiers.

MANŒUVRES: comment exécutées, & par qui commandées.

ÉQUITATION.

DISCIPLINE.

SUBORDINATION.

TENUE.

HABILLEMENT.

ÉQUIPEMENT
de l'Homme & du Cheval.

ARMEMENT.

ADMINISTRATION
des Finances.

DÉPENSES;
comment elles sont faites.

OFFICIERS;
esprit, union.

BAS OFFICIERS;
idem.

M. Mestre-de-camp commandant, *présent* ou *absent*.
M. Mestre-de-camp en second, *idem.*
M. Lieutenant-colonel, *idem.*
M. Major, *idem.*
} Ici les Officiers généraux diront leur façon de penser sur ces Officiers supérieurs.

M.rs Capitaines . . . . } Ils diront également leur manière de penser sur les Capitaines, & nommeront ceux qui méritent distinction.

M. Quartier-maître-trésorier, *idem* . . . . *idem.*

OFFICIERS À LA SUITE.

Capitaines réformés . . . . *u*
Capitaines attachés. . . . . *u*
Lieutenans *idem*. . . . . *u*
Sous-lieutenans *idem* . . . . *u*
} *u*

Ce Régiment étoit composé, à la revue de M.
du y compris l'Adjudant, le Maître Sellier, le Maître Maréchal & l'Armurier, de . . . .

TRAVAIL DEPUIS CETTE ÉPOQUE.

Recrues. . . . .
Enfans du Corps, admis à la solde.
} . . . .

TOTAL. . . . . . .

VIDE depuis la Revue du mois de Septembre dernier, & opération de celle-ci.

Fait *Officier*. . . . .

Congédiés { par ancienneté . . . .
par grâce { dans l'intervalle des deux Revues, par ordre du Ministre . . . .
à cette Revue . . . . }

Partis pour jouir des pensions militaires accordées lors de la dernière Revue . . . .

Idem, pour l'Hôtel royal des Invalides. . . . .

Idem, pour les Compagnies détachées. . . . . }

Idem, pour les Carabiniers . . . .

Réformés { pour infirmités . . . .
de Recrues { des Officiers-semestriers. . . . .
des Officiers & bas Officiers-recruteurs. . . . }

Réclamés par le Régiment de . . . .

Soldats Provinciaux rendus. . . . .

Classés rendus à la Marine . . . .

Remis à la Justice ordinaire. . . . .

Déserteurs { contumacés. . . . . . . { n'ayant pas rejoint à l'expiration des Congés. . . . .
désertés du Corps { anciens Soldats.
Recrue. . . . . .
condamnés à la chaîne { anciens Soldats. . . . .
Recrues. . . . . }

Chassés. . . . .

Morts. . . . .

Supprimés du contrôle { Enfans du Corps à l'âge de 16 ans. . . .
par congé, n'ayant pas rejoint. . . . . . . }

RESTE effectif après l'opération de la présente Revue, les hommes de l'État-major compris . . . .

Dont { Détachés. . . . .
À l'Hôpital du lieu . . . .
Aux Hôpitaux externes. . . . .
Malades à la chambre. . . . .
En prison. . . . .
Absens par congé . . . . }

TOTAL. . . . .

Manque au complet de , hommes de l'État-major compris . . . .

TENUE.

HABILLEMENT.

ÉQUIPEMENT
de l'Homme & du Cheval.

ARMEMENT.

ADMINISTRATION
des Finances.

DÉPENSES;
comment elles sont faites.

OFFICIERS;
esprit, union.

BAS OFFICIERS;
idem.

Mestre-de-camp commandant, *présent* ou *absent*. Mestre-de-camp en second, *idem.* Lieutenant-colonel, *idem.* Major, *idem.*	Ici les Officiers généraux diro[nt] leur façon de penser sur ces Offici[ers] supérieurs.
Capitaines	Ils diront également leur maniè[re] de penser sur les Capitaines, & nom[me]ront ceux qui méritent distinctio[n].
Quartier-maître-trésorier, *idem*	*idem.*

OFFICIERS À LA SUITE.

Capitaines réformés	*u*	*u*
Capitaines attachés	*u*	
Lieutenans *idem*	*u*	
Sous-lieutenans *idem*	*u*	

Ce Régiment étoit composé, à la revue de M.
u y compris l'Adjudant, le Maître Sellier,
[l]e Maître Maréchal & l'Armurier, de . . . .

TRAVAIL DEPUIS CETTE ÉPOQUE.

Recrues	. . . . .
Enfans du Corps, admis à la solde.	
TOTAL	

Si l'on ajoute à ce non-complet

L'homme à fournir aux Carabiniers. . . . .

Les hommes proposés pour les Invalides. . . . .

Ceux proposés à cette revue pour les récompenses militaires. . .

Ceux à faire entrer dans les Compagnies détachées. . . . .

Ceux à congédier par grâce, à mesure qu'ils remettront l'argent de leur dégagement . . . .

Ceux dont les engagemens ou rengagemens doivent expirer au 1.er Septembre prochain. . . . .

Le travail des Recrues, indépendamment des pertes ordinaires, sera de. . . . .

Il y a dans ce Régiment

. . . . . . Cadets-Gentilshommes.

. . . . . . Hommes qui ont fait la guerre.

. . . . . . qui se sont rengagés.

. . . . . . qui jouissent de la Vétérance.

. . . . . . qui sont dans le cas de l'obtenir.

Sur la totalité des Hommes dont ce Corps est composé,

. . . . . . sont à leur premier engagement.

. . . . . . ont contracté un premier rengagement à l'expiration des quatre années.

. . . . . . ont commencé le premier rengagement.

. . . . . . ont contracté un second rengagement.

. . . . . . ont commencé le second rengagement.

. . . . . . au rengagement annuel.

. . . . . . Enfans du Corps.

TOTAL. . . . . .

Dans le nombre des Hommes effectifs,

. . . . . . font de la taille de 5 pieds 〃 pouces,

. . . . . . de 5 pieds 〃 à 〃 pouces.

. . . . . . de 5 pieds 〃 à 〃 pouces.

. . . . . . de 5 pieds 〃 à 〃 pouces.

TOTAL. . . . . .

CHEVAUX DE TROUPE.

		Chevaux.
A la Revue du	17	〃
Ce Corps est resté composé de.		〃
Il en est arrivé de remonte.		〃
TOTAL.		〃

PERTES depuis cette époque, & opération de cette Revue.

Morts.	〃	〃
Tués pour cause de morve.	〃	
Réformés & vendus, dont 〃 à cette Revue. .	〃	
Reste effectif.		〃
Manque au complet de 〃		〃
TOTAL au complet.		〃

Taille des Chevaux dans le nombre effectif,

〃 font de la taille de 〃 mesurés à la potence.

〃 . . . . . de celle de 〃 *idem.*

〃 . . . . . de celle de 〃 *idem.*

TOTAL. . . . . 〃

Age des Chevaux.

〃 font de 3 à 4 ans.

〃 ... de 4 à 5.

〃 ... de 5 à 6.

TOTAL..... 〃

Chevaux d'Officiers.

À la Revue du 17

Il y en avoit.. 〃

Il en eſt rentré.. 〃

TOTAL........................ 〃

Taille des Chevaux des Officiers.

〃 font de la taille de 〃 pieds 〃 pouces meſurés à la potence.

〃 font de celle de 〃 〃 *idem.*

TOTAL..... 〃

HABILLEMENT.

L'Habillement eſt

Ce qui a été fourni l'année dernière eſt

......habits feront remplacés cette année.

......habits ont beſoin de réparations.

Ces remplacemens & réparations font eſtimés devoir coûter. 〃[lt] 〃[f] 〃[d]

ÉQUIPEMENT DE L'HOMME.

L'Équipement eſt

......Ceinturons font à remplacer.

......Cartouches ou Gibernes font à réparer.

......Grenadiers de Mouſquetons ou de Fuſil font à remplacer.

Ces remplacemens & réparations font eſtimés devoir coûter. 〃 〃 〃

ÉQUIPEMENT DU CHEVAL.

L'Équipement est

......Selles sont à remplacer.

......Selles ont besoin de réparations.

......Housses sont à remplacer.

......Porte-manteaux ont besoin de réparations.

Ces remplacemens & réparations sont estimés devoir coûter. ″ ″ ″

ARMEMENT.

L'Armement est

......Fusils ou Mousquetons sont à remplacer.

......Sabres sont à remplacer.

......Sabres ont besoin de réparations.

Ces remplacemens & réparations sont estimés devoir coûter. ″ ″ ″

Tous les remplacemens & réparations sont estimés devoir coûter. ″ ″ ″

FINANCES.

sse générale.	Elle avoit en caisse à la dernière Revue.........	″ᴴ ″ˢ ″ᵈ	
	Elle a reçu depuis le 1.er Mai 178 au 1.er Mai 178	″ ″ ″	
	TOTAL.........	″ ″ ″	
	Elle a dépensé depuis le 1.er Mai 178 au 1.er Mai 178 ...	″ ″ ″	
	RESTE en caisse au 1.er Mai 178	″ ″ ″	″ᴴ ″ˢ ″ᵈ
sse de Linge Chaussure.	Elle avoit en caisse à la dernière Revue.........	″ ″ ″	
	Elle a reçu depuis le 1.er Mai 178 au 1.er Mai 178	″ ″ ″	
	TOTAL.........	″ ″ ″	
	Elle a dépensé depuis le 1.er Mai 178 au 1.er Mai 178 ...	″ ″ ″	
	RESTE en caisse au 1.er Mai 178	″ ″ ″	″ ″ ″
sse de propreté.	Elle avoit en caisse à la dernière Revue.........	″ ″ ″	
	Elle a reçu depuis le 1.er Mai 178 au 1.er Mai 178	″ ″ ″	
	TOTAL.........	″ ″ ″	
	Elle a dépensé depuis le 1.er Mai 178 au 1.er Mai 178 ...	″ ″ ″	
	RESTE en caisse au 1.er Mai 178	″ ″ ″	″ ″ ″
Masse des te-étendards ou des rte-guidons.	Elle avoit en caisse à la dernière Revue.........	″ ″ ″	
	Elle a reçu depuis le 1.er Mai 178 au 1.er Mai 178	″ ″ ″	
	TOTAL.........	″ ″ ″	
	Elle a dépensé depuis le 1.er Mai 178 au 1.er Mai 178 ...	″ ″ ″	
	RESTE en caisse au 1.er Mai 178	″ ″ ″	″ ″ ″
	TOTAL DES FONDS en caisse.........		″ ″ ″

ÉQUIPEMENT DU CHEVAL.

L'Équipement eſt

......Selles ſont à remplacer.

......Selles ont beſoin de réparations.

......Houſſes ſont à remplacer.

......Porte-manteaux ont beſoin de réparations.

Ces remplacemens & réparations ſont eſtimés devoir coûter.

ARMEMENT.

L'Armement eſt

......Fuſils ou Mouſquetons ſont à remplacer.

......Sabres ſont à remplacer.

......Sabres ont beſoin de réparations.

Ces remplacemens & réparations ſont eſtimés devoir coûter.

Tous les remplacemens & réparations ſont eſtimés devoir coûter.

FINANCES.

...aſſe générale.	Elle avoit en caiſſe à la dernière Revue..................	//
	Elle a reçu depuis le 1.er Mai 178 au 1.er Mai 178	//
	TOTAL....................	//
	Elle a dépenſé depuis le 1.er Mai 178 au 1.er Mai 178 ...	//
	RESTE en caiſſe au 1.er Mai 178	//
...aſſe de Linge ...r Chauſſure.	Elle avoit en caiſſe à la dernière Revue..................	//
	Elle a reçu depuis le 1.er Mai 178 au 1.er Mai 178	//
	TOTAL....................	//
	Elle a dépenſé depuis le 1.er Mai 178 au 1.er Mai 178 ...	//
	RESTE en caiſſe au 1.er Mai 178	//
...aſſe de propreté.	Elle avoit en caiſſe à la dernière Revue..................	//
	Elle a reçu depuis le 1.er Mai 178 au 1.er Mai 178	//
	TOTAL....................	//
	Elle a dépenſé depuis le 1.er Mai 178 au 1.er Mai 178 ...	//
	RESTE en caiſſe au 1.er Mai 178	//
Maſſe des ...rte-étendards ou des ...rte-guidons.	Elle avoit en caiſſe à la dernière Revue..................	//
	Elle a reçu depuis le 1.er Mai 178 au 1.er Mai 178	//
	TOTAL....................	//
	Elle a dépenſé depuis le 1.er Mai 178 au 1.er Mai 178 ...	//
	RESTE en caiſſe au 1.er Mai 178	//
	TOTAL DES FONDS en caiſſe..............	

DÉTAIL *approximatif des* RECETTES & DÉPENSES *du 1.er Mai 17 au 1.er Mai 17*

RECETTE.

Il restoit en caisse à la Masse générale, le 1.er Mai 17	##	s	d	
Produit de la Masse générale, du 1.er Mai 17 au 1.er Mai 17	#	#	#	
Congés de grâce pendant ledit temps	#	#	#	## s d
Remboursem.t de l'homme fourni aux Carabiniers.	#	#	#	
Chevaux réformés vendus	#	#	#	
Secours reçus du Roi en gratification	#	#	#	
Secours reçus par le Roi en avance, à charge de remboursement	#	#	#	

DÉPENSE.

Recrues	#	#	#	
Rengagement	#	#	#	
Remontes	#	#	#	
Habillement, compris les réparations	#	#	#	
Équipement { de l'homme	#	#	#	# # #
Équipement { du cheval	#	#	#	
Armement { de l'homme	#	#	#	
Armement { du cheval	#	#	#	
Faux-frais	#	#	#	
À payer pour fournitures reçues	#	#	#	
À rembourser pour avances reçues par le Roi . . .	#	#	#	

PARTANT la Masse générale aura au 1.er Mai 17 en caisse ou en *deficit* . . . .

OBSERVATIONS.

Opinion sur le Régiment.

HÔPITAL, De la manière dont il est administré . . . .

PRISONS, Si elles sont saines, &c.

PAIN de munition . . . .

FOURRAGES . . . .

SERVICE de la Place . .

Les Inspecteurs marqueront leur opinion sur chaque objet.

FAIT à

REVUE faite par M.
à
le

CAVALERIE, CHEVAUX-LÉGERS, HUSSARDS, DRAGONS ou CHASSEURS À CHEVAL.

Régiment d

ÉTAT des Chevaux de Remonte achetés par ledit Régiment, pour compléter l'ancien fonds.

NOMS des COMPAGNIES.	NOMS des CAVALIERS.	Signalement du CHEVAL.	ÂGE.	TAILLE.	*OBSERVATIONS.*

DÉTAIL *approximatif des* RECETTES & DÉPENSES *du 1.er Mai 17 au 1.er Mai 17*

RECETTE.

Il restoit en caisse à la Masse générale, le 1.er Mai 17	″ll	″s	″d	
Produit de la Masse générale, du 1.er Mai 17 au 1.er Mai 17	″	″	″	
Congés de grâce pendant ledit temps	″	″	″	″ll ″s ″d
Remboursem.t de l'homme fourni aux Carabiniers	″	″	″	
Chevaux réformés vendus	″	″	″	
Secours reçus du Roi en gratification	″	″	″	
Secours reçus par le Roi en avance, à charge de remboursement	″	″	″	

DÉPENSE.

Recrues	″	″	″	
Rengagemens	″	″	″	
Remontes	″	″	″	
Habillement, compris les réparations	″	″	″	
Équipement de l'homme	″	″	″	″ ″ ″
Équipement du cheval	″	″	″	
Armement de l'homme	″	″	″	
Armement du cheval	″	″	″	
Faux-frais	″	″	″	
À payer pour fournitures reçues	″	″	″	
À rembourser pour avances reçues par le Roi	″	″	″	
PARTANT la Masse générale aura au 1.er Mai 17 en caisse ou en *deficit*				

OBSERVATIONS.

Opinion sur le Régiment.

Les Inspecteurs marqueront leur opinion sur chaque objet.

HÔPITAL, De la manière dont il est administré.

PRISONS, Si elles sont saines, &c.

PAIN de munition.

FOURRAGES.

SERVICE de la Place.

FAIT à

INSPECTION faite par M. à le

N.° 10.

CAVALERIE, CHEVAUX-LÉGERS, HUSSARDS, DRAGONS ou CHASSEURS À CHEVAL.

Régiment d

ÉTAT des Chevaux de Remonte de l'augmentation ordonnée en 1783.

NOMS des COMPAGNIES.	NOMS des CAVALIERS.	Signalement du CHEVAL.	ÂGE.	TAILLE.	*OBSERVATIONS.*

faite par M.
à
de

Cavalerie, Chevaux-Légers, Hussards, Dragons ou Chasseurs à cheval.

Régiment d

État des Chevaux réformés à cette Revue.

NOMS des Compagnies.	NOMS des Cavaliers.	Signalement du cheval.	Âge.	Taille.	Prix qu'ils ont été vendus.	*Observations.*

INSPECTION
faite par M.
à
le

N.° 18.

CAVALERIE, CHEVAUX-LÉGERS, HUSSARDS, DRAGONS OU CHASSEURS À CHEVAL.

Régiment d

ÉTAT de la SITUATION de ce Régiment, à l'époque du jour de la revue définitive, faite par M.

Mestre-de-camp-commandant . . . .
Mestre-de-camp en second . . . .
Lieutenant-colonel . . . .
Major . . . .
Quartier-maître . . . .
Porte-étendards ou Porte-guidons . . . .
Adjudant . . . .
Chirurgien-major . . . .
Aumônier . . . .
Maître Sellier . . . .
Maître Maréchal . . . .
Armurier . . . .

Capitaines-commandans . . .	Présens . . . . Détachés . . . . Absens par	. . . . . . //
Capitaines en second	Présens . . . . Détachés . . . . Absens par	. . . . . . //
Lieutenans en premier	Présens . . . . Détachés . . . . Absens par	. . . . . . //
Lieutenans en second	Présens . . . . Détachés . . . . Absens par	. . . . . . //
Sous-lieutenans	Présens . . . . Détachés . . . . Absens par	. . . . . . //
		. . . . . . //

OFFICIERS attachés au Régiment.

CAPITAINES avec réforme.		OFFICIERS ATTACHÉS.					
		CAPITAINES.		LIEUTENANS.		SOUS-LIEUTENANS	
Les S.rs	présens ou absens.	Les S.rs	présens ou absens.	Les S.rs	présens ou absens.	Les S.rs	présens ou absens.

Maréchaux-des-logis, Brigadiers, Cavaliers, Dragons ou Hussards, Fraters, Trompettes, Maréchaux-ferrans, présens sous les armes . . . . ″

Détachés à . . . . ″
En prison . . . . ″
Aux Hôpitaux externes . . . . ″
À l'Hôpital de . . . . ″
Par congé, dont en Recrue & en Remonte . . . . ″

TOTAL . . . . ″
Manque au complet de . . . . ″
TOTAL au complet . . . . ″

CHEVAUX DE TROUPE.

Présens . . . . ″
Manque au complet . . . . ″
TOTAL au complet . . . . ″

CHEVAUX D'OFFICIERS.

Présens . . . . ″
Manque au complet . . . . ″
TOTAL au complet . . . . ″

OBSERVATIONS.

ESPÈCE D'HOMMES dont le Régiment est composé.

Les Officiers généraux marqueront leur opinion sur chaque objet.

RECRUES; leur Espèce.

ESPÈCE DE CHEVAUX dont le Régiment est composé.

REMONTES; leur Espèce.

INSTRUCTION du Corps.

MANŒUVRES: comment exécutées.

ÉQUITATION.

DISCIPLINE.

SUBORDINATION.

TENUE.

HABILLEMENT.

ÉQUIPEMENT de l'Homme & du Cheval.

ARMEMENT.

TENUE.

Fait à *le* *178*

DRAGONS OU CHASSEURS À CHEVAL.

RÉGIMENT D

MUTATIONS en & SITUATION au

MARÉCHAUX-DES-LOGIS, BRIGADIERS, CAVALIERS ou DRAGON & TROMPETTES.

ATIONS.	FORCE au premier du mois dernier.	AUGMENTAT. depuis le 1.er du mois dernier.			TOTAL.	PERTES DEPUIS LE 1.er DU MOIS DERNIER.						Congédiés.							TOTAL des Pertes.	RESTE effectif le premier de ce mois.	SITUATI DE L'EFFECT	Aux Hôpit.		
		Recrues arrivées.	Congédiés, rentrés.	Enfans admis.		Morts.	Désertés.	Réformés.	Faits Officiers.	Partis avec la pension.	Partis pour les Invalides.	Par ancienneté.	Par grâce.	Comme Gentils.[h]	Chassés.	Condamnés à la chaîne.	Contumacés.	Passés à d'autres Corps.			Présens sous les armes.	du Lieu.	Externes.	Détachés.
	〃	〃	〃	〃	〃	〃	〃	〃	〃	〃	〃	〃	〃	〃	〃	〃	〃	〃	〃		〃	〃	〃	〃

DRAGONS ou CHASSEURS À CHEVAL.

RÉGIMENT D

MUTATIONS en & SITUATION au 17

1.er avril 1784

OFFICIERS.

GRADES.	Présens.	Detachés.	En Recrues.	En Semestre.	Par Congé.	Emplois vacans.	OBSERVATIONS.
ÉTAT-MAJOR.	»	»	»	»	»	»	
Capit. com.d	»	»	»	»	»	»	
Capit. en 2.d	»	»	»	»	»	»	
Lieut. en pied	»	»	»	»	»	»	
Lieut. en 2.d	»	»	»	»	»	»	
Sous-lieuten.s	»	»	»	»	»	»	
TOTAL...	»	»	»	»	»	»	

MARECHAUX-DES-LOGIS, BRIGADIERS, CAVALIERS ou DRAGONS & TROMPETTES.

Force au premier du mois dernier.	Augmentat. depuis le 1.er du mois dernier: Recrues arrivées.	Congédiés rentrés.	Enfans admis.	TOTAL.	Pertes depuis le 1.er du mois dernier: Morts.	Désertés.	Réformés.	Faits Officiers.	Partis avec la pension.	Partis pour les Invalides.	Congédiés: Par ancienneté.	Par grâce.	Comme Gentilsh.	Chassés.	Condamnés à la chaîne.	[illegible]	Passés à d'autres Corps.	TOTAL des Pertes.	Reste effectif le premier de ce mois.	Situation de l'effectif: Présens sous les armes.	Aux hôpit.: du Lieu.	Externes.	Détachés.	En Recrues.	Par Congé.	Manquant au complet de
»	»	»	»	»	»	»	»	»	»	»	»	»	»	»	»	»	»	»		»	»	»	»	»	»	»

FINANCES.

MASSES.	Leur situation le 1.er de ce mois: Restant en Caisse.	Déficit.
	liv. s. d.	liv. s. d.
Générale...	» » »	» » »
Linge & chaussure.		
Porte-Etendards ou Guidons.	» » »	» » »
Propreté...	» » »	» » »
	» » »	» » »

Officiers à la suite.

CHEVAUX.

	Force au premier du mois dernier.	Remonte arrivée depuis le premier du mois dernier.	TOTAL.	Pertes depuis le 1.er du mois dernier: Morts.	Tués pour cause de morve.	Réformés & vendus.	TOTAL.	Effectif au premier de ce mois.	Manquant au complet.
D'OFFICIERS...	»	»	»	»	»	»	»	»	»
DE TROUPES....	»	»	»	»	»	»	»	»	»

www.ingramcontent.com/pod-product-compliance
Ingram Content Group UK Ltd.
Pitfield, Milton Keynes, MK11 3LW, UK
UKHW020341180726
13839UKWH00002B/846

9 782329 254418